JN410945

사랑의 빈 자리 될까 봐

사랑의 빈 자리 될까 봐

1판 1쇄 : 인쇄 2011년 11월 23일
1판 1쇄 : 발행 2011년 11월 25일

지은이 : 박완규
펴낸이 : 서동영
펴낸곳 : 서영출판사

출판등록 : 2010년 11월 26일(제25100-2010-000011호)
주소 : 인천광역시 계양구 효성동 200-1 현대 404-103
전화 : 02-338-7270 팩스 : 02-338-7161
이메일 : sdy5608@hanmail.net

ISBN 978-89-97180-05-9 (04810)
ISBN 978-89-97180-00-4 (set)

일원화 공급처_(주)북새통
주소 : 서울 마포구 서교동 464-59 서강빌딩 6층
전화 : 02-338-0117(대표), 팩스 : 02-338-7160
이메일 : info@booksetong.com

사랑의 빈 자리 될까 봐

2011 · 서영

박완규 시인의 시집 출간을 축하하며

박완규 시인은 전북 완주에서 태어나 호남 신학대학과 서울 장로회 신학대학을 졸업한 뒤 미주 하워드대학원 석사 학위를 취득했으며, 현재 목사로 재직 중이다.

2001년 1월에는 〈지구문학〉 시 부문 신인상 수상으로 문단에 데뷔했으며, 2002년 1월에는 〈한국시〉 시 부문 신인문학상을 수상했고, 2008년 5월에는 문예창작 최우수상을 수상하기도 했다.

박완규 시인과 인연을 맺은 것은 한실 문예창작 8개 지부 중 하나인 해돋이 문학회에서 시 공부를 하던 때부터이다. 목회자로서 오래도록 시를 써왔다는 말에, 또 시에 대한 깊은 사랑으로 흠뻑 젖어 있는 눈빛에서 나는 진한 문우의 정을 느꼈다.

이상하게도 나는 시를 사랑하고 문학을 좋아하는 사람들을 만나면 마치 초등학교 동창생을 만난 듯 기분이 좋아진다. 첫 만남에서 박완규 시인의 눈빛 속에는 시에 대한 애정이 노을 진 강물 위의 잔물결처럼 반짝거리며 일렁이고 있어서 좋았다.

그로부터 2년 남짓 우리는 시 이론을 탐구하고 시 창작의 오솔길을 쉬지 않고 걸으며 숱한 토론을 했다. 그러면서 문학의 향기 안에서 웃고 즐기며 행복한 나날을 보냈다. 함께 여행도 다니고 함께 자두나 앵두를 따러 다니기도 했다.

그러다, 토실토실한 밤 같은 시 열매들을 건져 나눠 먹기도 하고 맛보기도 하며 시인으로서의 뿌듯함을 한아름씩 간직하기도 했다.

박완규 시인의 시들은 주로 관조의 프리즘을 통해 세상을 바라보면서, 사랑에 대한 새로운 해석을 내놓고 있다. 그는 누구보다도 사랑을 예찬하고 있다.

주위 사물을, 자연을, 기다림을, 어머니를, 아내를, 신도를, 꿈을, 미래를 사랑하고 또 사랑하며, 이를 시 속에 담아 아름답게 노래하고 있다.

어스름 깔리면
휑한 바람이 지나가고

가로등마저 홀로 외롭다
깜박거린다

회색 그림자 매만지며
밤새 뒤척이던 영혼

침묵으로 눈 감은 옆자리가
사랑의 빈 자리 될까 봐

끙끙거리며
애태운다.

- [사랑의 빈 자리 될까 봐] 전문

이 시에서도 박완규 시인은 사랑을 애타하고 있다. 외로운 영혼이 밤새 뒤척이고 있다. 침묵할 수밖에 없는 현실이 안타깝다. 특히 사랑의 빈 자리 될까 봐 끙끙거리며 애태우는 모습이 안쓰럽기까지 하다.

무엇 때문에 그는 사랑을 이토록 절절하게 갈구하는 걸까. 사랑이 도대체 이 우주에서 이 땅 위에서 이 인생에서 어떤 역할을 하고 있는 것이기에, 사랑의 빈 자리를 그토록 걱정하는 걸까.

얼만큼
사랑하냐고
묻지 마세요

바다보다 깊고
하늘보다 넓고
백두산보다 높이
사랑한다 대답할 줄
뻔히 알면서

왜 당신만 사랑하냐고
묻지 마세요

순수한 정열로
마음에 숨겨둔 미소로
생명 다 바쳐 헌신할 줄
훤히 알면서
왜 변함없이 사랑하냐고
묻지 마세요

뼛속까지 흐르는
살아갈 용기 주었기에
사랑할 수 있는 시간 안에서

영원히 머무를 줄
잘 알면서.

- [고백] 전문

사랑은 왜 하느냐, 얼만큼 하느냐, 자기만을 사랑하냐, 변함없이 사랑하냐, 그 어떤 물음도 불필요하다고 말한다. 사랑은 그냥 있는 것이고, 마땅히 전개해야 하는 인생의 필수이고 필연이다. 그래서 그런 물음을 던질 필요가 없다고 말한다. 바다보다 깊게 하늘보다 넓게 산보다 높게 사랑하고 있다. 생명 다 바쳐 사랑하고 있다. 영원히 사랑하면서 살아가겠다는 고백을 절절절 독자에게 쏟아내고 있다.

하얀 불씨로 밝아져 가는
노란 안개 속에서
화려한 비상 꿈꾸는 곳으로
데려다 주렴

풀잎 끝 지나는 바람에
그리움 희미해져 가기 전에
마르지 않는 곳으로
데려다 주렴

삭막하고 무딘 발걸음
푸른 숨결
찰랑대는 곳으로
데려다 주렴

비 내리는 스산한 날에
끊임없이
웃음 짓는 곳으로
데려다 주렴.

- [그대여] 전문

그래서 시적 화자는 더 이상 그리움이 희미해지기 전에 마르지 않는 곳으로 가고 싶어한다. 화려한 비상 꿈꾸는 곳, 푸른 숨결 찰랑대는 곳, 끊임없이 웃음 짓는 곳으로 가고 싶어한다. 날로 삭막해져 가는 현대 사회가 갈구하는 세상이 그곳에는 펼쳐져 있기 때문이다. 그곳이라면, 시인이 추구하는 사랑이 자리하고 꽃피고 열매 맺을 수 있을 테니까.

하얀 입김만
서려
달빛이 시리기만 하다

쏴아 철썩
쏴아 철썩

전설의 얽힌
사랑
부서져

눈부신
물보라로
쏟아 놓는다.

- [무인도] 전문

하지만, 세상은 여전히 무인도처럼 쓸쓸한 뿐이다. 하얀 입김만 서려 있고, 달빛조차 시리기만 하다. 따스함은 그 어디에도 찾아볼 수 없다. 전설의 얽힌 사랑마저 부서져 물보라로 쏟아져 내린다. 쏴아 철썩 쏴아 철썩 소리만 가슴을 쥐어뜯을 뿐이다.

바닷가의 별장이 열리면
바다의 신화로
푸른 하늘 뜨거운 태양이
꿈을 엮고

파도 소리는
질주하며
흰 이빨을 드러내고
물을 즐기는 청춘에는
풍만한 지느러미가 자란다.

- [7월의 바다] 전문

어서 빨리 7월 바다 같은 세상이 왔으면 좋겠다. 바닷가의 별장도 문을 열어 하늘과 태양이 바다의 신화로 꿈을 엮는 세상, 파도 소리가 흰 이빨 드러내며 질주하는 생기발랄한 세상, 즐거웁게 인생을 꾸려갈 줄 아는 청춘들에게 풍만한 지느러미가 자라는 세상이 되었으면 좋겠다.

그날이 하루 빨리 다가와 사랑이 자라도록 사랑이 안주하도록 사랑이 꿈틀대도록 사랑이 맘껏 노래하도록 사랑이 향그럽게 열매 맺도록 했으면 좋겠다.

희미한 달
바라보는
목늘임이다

밤새 별이 안 보이고
어깨 적시는
안개비다

멈출 줄 모르는
시계를 바라보는
저린 가슴으로

귓전을 스치지만
모습조차 보이지 않는
바람소리다.

- [기다림] 전문

오늘 밤도 시인은 여전히 사랑을 기다린다. 희미한 달 바라보는 목늘임으로, 별 안 보이는 어깨 적시는 안개비 속에서도 밤새 기다린다. 저린 가슴으로 기다린다. 무심한 바람소리만 들리는 터에서 기다린다. 오랜 세월이 흘러도, 아무리 복잡한 세상 속일지라도, 그 어떤 것들이 훼방하고 조롱한다 할지라도 기다린다. 사랑이 다가와 안아줄 때까지. 사랑이 마침내 완성될 때까지, 기다리고 기다린다.

고운 여인의 살결
어머니의 분신으로 살다가
수몰되어 청정수 담아놓고
푸른 하늘만 바라보는
차단된 기운이여

칠흑 같은 어두움
일상의 침묵 속에
만삭된 몸으로
진간장 담으니
밝은 달의 떠오름이여

자연의 생명으로
하늘빛 어린
창조의 신비
텅 비우고
귀소하는
목숨이여.

- [항아리] 전문

마치 항아리처럼 기다린다. 빌고 또 비는 어머니의 분신처럼 푸른 하늘만 바라보며 어둠 속에서도 침묵 속에서도 밝은 달의 떠오름을 기다린다. 자연의 생명으로 하늘빛 어린 창조의 신비 텅 비우고 귀소하는 목숨처럼, 기다린다. 언젠가는 사랑이 이 땅에 널리 펼쳐져 사랑으로 사랑이 완

성되는 그날까지 시인과 시적 화자는 기다리고 기다린다.

박완규 시인은 한결같이 군더더기 없는 정갈한 시적 형상화를 추구하고 있다. 긴 설명이나 서술의 길로 가지 않고, 간결하게 사물과 정황에 대한 이미지로 밑그림을 그린 뒤, 가장 쉬운 시어로 시를 빚어내고 있다. 거기에 적절한 상징의 고리를 걸어 놓아, 감상의 맛을 한층 깊게 해놓고 있다. 그렇다고 주제를 쉽게 노출하거나 강요하지 않는다. 적절한 선에서 뒤로 물러나 시의 특질을 구현하는 데 최선을 다하고 있다. 이 땅에 시가 존재하고 시를 줄기차게 사랑하게 만드는 그릇이 그의 시 속에 갖춰져 있어 읽고 또 읽도록 해주고 있다.

부디 이 시집이 오랜 세월 동안 독자들의 눈길을 끌어당겨 읽히게 되기를 기원해 본다. 서점에서도 수십 년 뒤에도 만나보는 시집, 그런 행운과 축복이 보슬비처럼 내리기를 또한 바란다.

그리고 무럭무럭 성장해 활약하고 있는 후배 작가들을 잘 이끌어 주는 큰형님 같은 선배 작가로서의 길도 묵묵히 걸어가 주기를 바라며, 우리 함께 시의 오솔길을 즐겁고도 희망차게 산책하게 되기를 소망해 본다.

시는 살아 있는 생명체라서, 시를 사랑해 주면, 시는 그만큼 큰 향기로 우리를 사랑해 준다. 시를 사랑하자. 그리하여 시가 우리를 사랑하도록 길을 터 주자. 이렇게, 박완규 시인의 시집 [사랑의 빈 자리 될까 봐]가 세상에 나오는 이 행복한 늦가을에 다시 한 번 가슴 깊이 되새겨 본다.

- 대나무숲이 눈부시게 아름다운 죽녹원에서

한실 문예창작 지도 교수 박덕은
(문학박사, 시인, 소설가, 아동문학가, 문학평론가, 사진작가)

저자의 말

내가 시를 쓰게 된 것은
물거품처럼 허무하게 사라져 가는
삶의 현장 체험들을 붙잡아 보고
새롭게 영감 받아 보려는 애타는 몸부림

내가 시를 쓰게 된 것은
하늘의 말로 들려오는
유형상 덩어리를 붙잡고
생명을 불어 넣어 보고 싶은 호기심

내가 시를 쓰게 된 것은
심상에 떠오른 진리를
의미와 형식을 갖추고
아름답게 노래 부르려는 즐거움

내가 시를 쓰게 된 것은
외롭고 슬픈 감정을 두드리며 위로하고
천부적으로 지닌 독창성을 살려서
감동적인 언어의 연금사가 되고 싶은 열정

내가 시를 쓰게 된 것은
창조주의 솜씨인 자연과 사물 속을
아름다운 표현과 기교로
감각적 진동을 일으키고 싶은 발로

내가 시를 쓰게 된 것은
먼 피안의 세계를
내 삶의 현실로 끌어와
이상화시켜 보려는 욕구

내가 시를 쓰게 된 것은
내가 느끼고 경험한 비단옷의 감정을
내 존재의 안성맞춤복으로 만들어
길이 남겨 보고 싶은 보물

내가 시를 쓰게 된 것은
산모가 고통 속에서 한 생명을 탄생시키듯
내 아픔과 상처들을 어루만지고
참 생명의 결정체로 간직하고픈 보화

내가 시를 쓰게 된 것은
인간을 사랑하는 마음으로
사명 다하여 초상화를 그리고
한 영혼을 찾으려는 구령심

내가 시를 쓰게 된 것은
말씀 속에 감춰져 있는 진리를
예술의 창작성으로 접목시키고
하늘의 뜻을 이뤄 드리려는 순종심

내가 시를 쓰게 된 것은
자연 속에 흐르는 서정을 노래하고
아름다운 꽃들의 향기처럼
빛을 발하고 향기를 발하고 싶은 신앙심

내가 시를 쓰게 된 것은
향토적 애국적 신념을 노래하고
매일의 생활 속에서도 깨끗한 양심으로
가치 창출을 위한 경탄적 신화

내가 시를 쓰게 된 것은
영혼 깊은 곳에서 터져 나오는 형상을
언어 예술적 아름다운 영상으로 그리고
기교적 유희로 살려는 복음심

폭풍이 일고 파도가 칠 때에야 삶의 자취를 돌아보고 어느 것 하나 확실하게 이룬 것, 가진 것, 없는 것만 같아 서글프고 허전한 마음 금할 수 없어 흔적이라도 남기고자 부족하지만 시집을 내려고 결심하였다.

그동안 여러 선배님과 스승님들의 권유를 받았지만 부끄러운 시가 될까 봐 망설였었다. 이제는 달 밝은 눈빛으로 삶의 부끄러운 모습까지라도 서슴없이 쓰고 싶다.

자연과 사랑하는 임을 아름답게 볼 수 있는 것이 얼마나 큰 축복인지, 영적인 눈으로 신비의 세계를 볼 수 있다는 것이 얼마나 큰 은총이고 행운인지 모르겠다.

종교인으로 목적시를 쓰려는 마음은 갖고 있지만, 전통에 접맥시킨 서정적 순수시를 쓰고, 인간 영혼의 구원과 자연과 인간의 조화를 이루는 데 주목하고 싶다.

독자로부터 공감 받고 환상과 상상력을 통해 체험의 세계를 폭넓게 그리고, 정서와 사상을 나타내 감동과 기쁨을 주고, 참으로 깊은 진리를 전해 줄 수 있다면 만족하겠다.

내 감정과 종교적 사상을 아름다운 기교로 참신하게 표현할 수 있다면, 순수한 예술적 세계를 '지知 정正 의義'에 의한 명석한 직관으로 역사와 시대에 맞는 참여시로서 사명감으로 책임을 다할 수 있다면 만족하겠다.

지금까지 시를 씀으로 위안을 받고, 시를 사랑하는 사람에게 위안을 주고, 지친 영혼에게 생수 같은 기쁨을 줄 수 있다면, 험악한 세상에서 상실해 가는 인간성을 조금이라도 회복할 수 있다면, 소박한 음성으로 들려져서 하늘에 감사할 수 있다면 다행이겠다.

끝으로 시의 눈을 띄워 주신 이수복 시인님과 문학박사 구창환, 문병란 교수님과 축하의 서문을 써주시고 시의 세계로 자신감 있도록 이끌어 주신 문학박사 박덕은 교수님께 이 지면을 통하여 뜨거운 사의를 표해 드립니다. 또 시집이 나오도록 도와준 서영 출판사와 사랑하는 아내 구성순, 아들 딸 진성, 보라, 진형, 진광과 언제나 한결같은 사랑을 주시는 자부 이경선, 장영자 두 분께도 고마움을 전한다.

참으로 하나님께 영광을 돌린다.

祝詩

박완규

박덕은

사랑밖에 모르는
동굴 나라에서 태어나
사랑을 세상에 전하러
파견된 시인

분쟁도 전쟁도
사랑으로만
해결할 수 있다
외치는 시인

가는 곳마다
사랑의 향긋함과
감동과 은은함을
전하는 시인

연둣빛으로 물든
여린 풀벌레 소리와
별빛의 속삭임에도
눈물 흘리는 시인

꿈을 빚어내는
우직한 두 손길에
달빛의 촉촉함을
묻혀 노래하는 시인

처음부터 끝날까지
오로지 한길 걸으며
사랑 실천의 꽃을
피워 올리는 시인.

차 례

2부 사랑하기에

3부 봄이 오는 소리

4부 어머니와 인생

5부 당신의 향기

사랑의 빈 자리 될까 봐

1부

풀꽃의 속삭임

지는 꽃일지라도

속삭임으로
까르르 웃으며
달빛에 수줍은
사랑

다 바치고
뒤척이는 꿈
향기로운
열린 마음의 사랑

마른 흙
땅끝에 떨어져
속절없이
지는 꽃일지라도.

풀꽃의 속삭임

나날의 전쟁터에서
속되게 살거나
비겁하게 살지는 말아야지

비바람과 눈보라에
오랜 아픔이 울분으로 치올라도
자기 찾는 삶 저버리지는 말아야지

숨가쁘게 언덕길 오르내리며
한 줌의 흙도 매만지지 못했을지라도
시간에 쫓기며 살지는 말아야지

밤새도록 내리는 이슬이
옷깃에 젖어 차가와도
비뚤어진 세상을 살지는 말아야지.

수고와 슬픔 많은 험악한 세상
아픔과 괴로움 당할지라도
사랑과 은혜 배신하며 살지는 말아야지.

복사꽃 지다

하얀 꽃잎이
빙글 돌며
떨어진다

흘러가듯
말없이

자취 없이
아련히

향기로
눈을 떴던 순간마저
맥없이 시들어간다.

뜨락에는

수줍게 얼굴 내민 옥잠화
입술 반짝이는 맨드라미
사랑의 열정 못 감추는 장미
순결한 향기로 유혹하는 백합
흔들리며 기쁨 주는 후리지아
틈새 꿋꿋이 서있는 도라지꽃

무거운 사색으로
상냥한 미소로
지순한 의미로
만개한 대화 나누고 있다.

흑장미

어둠 타고 피어난
한 송이 열정

사나운 바람 앞에
검은 살 박혀

눈물 고인 혼백에
가슴 터지다.

꽃이라 불러 주세요

가파른 언덕 위에 핀
한 송이 들꽃일지라도

흔들리는 설렘 속에서도
환한 미소 있으니

온몸 태워서 풍기는
아픔의 향기 있으니.

연분홍장미

은밀히
향기 풍기는
속삭임으로
예쁘게 웃음 짓는

온몸 감도는 핏줄처럼
살 속으로 숨어 들어오는
불빛
그윽하게 담아내는

퍼런 가시로
붉은 애틋함 지키며
눈물
곱게 흘리는

작은 영토에 피어
바람에 흔들려도
송이 송이
노을 여백 채우는.

사루비아

화사하게 찾아와 웃음꽃 피우는 여인
밤이 깊고 날이 새는 줄도 모르고
사근사근 대화가 줄을 잇는다
서로 잡은 손길은 가슴으로 뜨겁게 전달되고
부풀어 오른 마음은 황홀한 꿈길을 헤맨다
귓가에 잔잔히 흐르는 말
포근한 추억에 누워 별빛에 젖어든다
고운 심장에 거부할 수 없는 포옹
아스라이 사라지는 슬픈 눈물들
가슴 벅차게 떨려 탐스럽고 윤택한 정으로 맺힌다
나눌수록 커지는 정다운 파노라마
가슴에 피어나는 즐거움 덩어리
향긋한 내음 풍기면
두근거리는 꽃봉오리 활짝 피어 향기 발한다
감성 끝자리 휘어잡으니 하나로 어우러지고
서서히 빠져들어 묻어둔 깊은 사연 다 토한다
지우고 싶었던 가슴앓이도 사라지고
불바다 아스라이 타오르며 향연 이룬다
소근대는 목소리에 붉어진 마음
애틋한 꿈 싣고 천사처럼 응시한다.

장미

사랑하는 마음을
활짝
터뜨린 게야

온몸의 붉은 피가
열정으로
터진 게야

영혼 불어넣고
활활
태우고 있는 게야.

바다 · 1

춤추는 물살로
밀려와
세차게 출렁이는 그리움

달빛 정겨움 먹고
고요히 자라나

적막 속
하얀 꽃으로
피어나다.

바다 · 2

고독한 내 안에
꿈 심어준
너른 가슴

밀물 썰물 따라
우르르
쏴아

온몸으로 출렁이는
하나뿐이 없는
외로운 통로

돌고 돌아
한없이 그리움 이어온
푸른 의지.

노을 풍경

장미가 불타고 있는
울타리에 젖어들어
시샘하고 있다

피 뿌린 하늘자락 따라
춤을 추며
어디론가 날아가고 있다

바람에 피어오른
구름꽃 타고 앉아
붉디붉은 피리를 불고 있다.

선인장

향기는 없어도
초록으로 엮은 꿈이기에
뜨거움을 자랑하련다

속으로만 꽃잎 피워
작렬하는 열정 앞에
우두커니 세워두고

사랑의 불꽃으로
타오르며 타오르며
뭇 시선들을 모으련다.

소리

청동을 울리고 떠나는
님의 목소리

황폐해진 광야에
외치는 아우성

민주를 받드는
거대한 함성

바람 날개로
역사를 깨우친 울림

잠자는 영혼까지
해방을 부르짖는 새벽 종소리

가슴속 가득 고여 오는
선혈 낭자한 소리.

촛불

시간의 등경 위에서
바람 따라 가물거리고 있다

어둠 밝히려 저항하며
하얀 눈물 흘리고 있다

주어진 운명을 뛰어 넘어
가냘픈 손길로 몸부림치고 있다

온 천지를 밝히며
불붙은 날개를 파닥이며.

한라산 구상나무

돌짝밭에서도 무성하게
발을 뻗으며
바람을 잠재운다

투명한 언어로
계절의 얘기를 들으며

오르는 이들의
마음을
파랗게 물들인다

발걸음마다
감동을 주며

가지마다 눈이 쌓이면
하얗게 발돋움하며.

편지

마음속 간직한
붉은 장미꽃 한 송이 들고
고백하려고 쓰고 찢었다 또 쓰고

떨리는 가슴으로 하얀 종이에
님의 모습 담아갈 때
피는 뜨거워 그리운 눈물 떨어지고

글씨는 하늘거리고 춤추며
들려오는 피아노 소리에
나비처럼 날아오른다.

삼월

노란 개나리
떠들썩한 소리
서둘러 부풀어 오르고

가슴속
너울대는 향기
푸르게 웃음 짓는다

그리움들
껍질 찢고 함초롬히
눈뜨기 시작한다.

사월

여울 건너
어김없이 찾아오는
정령들

굳어진 대지
꽃불로 지핀다

절절히 흐르고
강물소리 들으며

꽃바람의 함성으로
터진다.

그녀

가랑비 촉감인 양
부드럽고도 귀여운 강아지

수정처럼 달빛 속에
웃음 짓는 꽃송이

감미로움이 묻어나는
빛나는 눈동자

물결치며 몰려오는
폭풍 같은 사랑.

2부

사랑하기에

사랑 · 1

눈길 꽂혀
꽃바람 일어나
가슴 미어지도록
좋은 걸 어떡해

마음까지 물들어
그윽한 향기
숨 넘어가도록
좋은 걸 어떡해

그리움이 목에 감겨
솟구치는 연정
심장이 오그라지도록
좋은 걸 어떡해

깃발 펄럭이며
해일로 밀려오는 환희
머리 터지도록
좋은 걸 어떡해.

사랑 · 2

꽃내음처럼
그윽한 눈길
가슴에 박히는

멀고 가까이
애틋한 꿈
담아버린

아픔 속에서도
영혼을 불태우며
빛나는

출렁이는 가슴에
푸른 광채가
찬란히 흘러드는

한 몸으로
한 마음으로
꽃집 꾸며 놓는.

사랑 · 3

꽃으로 보이는
웃음이 있다

뭉게구름 피어오르듯
둥실둥실

꿈속에서도 떠오르며
달려가는

밝은 달빛보다
더 밝은

너만을 바라보며
애끓는.

사랑 · 4

귓가에 스치며
속삭이는 살랑 바람
꽃잎에 웃음으로 머물고

장미꽃에
나비 한 마리
하루 종일 날아갈 줄 모르고

파도로 밀려오는 연정
가슴앓이 흰 거품으로
끓어오르고.

첫사랑

창백한 세상에
향기 풍기며
찾아 왔다가
찬란한 빛 앞에
말없이 사라진
한 송이 안개꽃

한때는
피어오른 무지개로
신비롭게 떠 있다가
푸른 가슴에
그리움만 남기고 사라진
추억의 그림자.

내 사랑

영혼의 맑게 고인
꿈을
마음껏 펴올리고 싶다

애끓는 편지 한 통 없이
서성거리며
이대로 살 수는 없다

조그만 가슴은 고동쳐도
정답게 합한 마음
즐겁기만 했는데

황홀하게 맞을 기대감에
속사람 부드럽게 녹아나
고이 간직한 비밀 다 쏟아 놓았는데

그리운 정이 온몸에 흐르기에
목숨 바치며
애틋한 노래 불렀는데.

내 사랑이여

숲속 호숫가에서
정다이 손잡고
거닐고 싶다

푸른 하늘과
나무 사이를
속삭이면서

맑은 눈망울 속에
잠기어
환상을 보며

모래 위에 남겨 놓은
추억의 발자국도
곱게 새기며

황색 저녁놀
한 줄기처럼
나비같이 춤추며

신비로운 별빛에
촉촉이
마음 적시며.

사랑하기에

창문 열 듯이
네 마음을 살며시
열어 봤으면
좋겠다

따스한 아랫목에 눕듯이
네 마음속에 들어가
조용히 누워 봤으면
좋겠다

보물 창고 잠가두듯이
우리 추억들을
영원히 잠가두었으면
좋겠다

옥단추를 끄르듯이
너를 끌어서
아름다움을 자랑했으면
좋겠다

쌓인 눈을 털 듯이
슬픔 털고 일어나
기뻐만 했으면
좋겠다.

사랑에 눈 뜨고

연둣빛 음계 밟으며
찾아온 연정
불을 붙인다

외로움 달래주며
가슴 설레며

열병에 걸린 듯
한없이 달리고 싶다.

사랑은

사랑은
독수리 날개로
평안히 감싸게 하고

사랑은
고독한 마음
즐거운 노래로 잠재우고

사랑은
연약한 발걸음
금빛 사닥다리로 올라가게 하고

사랑은
불같은 정열을 물들여
태양처럼 눈부시게 하고.

사랑하는 임이여

시들어가는 나무가
비를 기다리다가
푸르게 피어나는
강물의 소리를
들었습니다

오래도록
생각하며
고독을 씹다가
굳어져 버렸습니다

날마다
당신을 지켜만 보다가
노을에 젖고
비로소
의미를 찾았습니다

향기로운 꽃바람이
가슴을 울렁이게 하니
계절마다
아름다운 수채화
그려갑니다.

그리움

눈부시게 왔다가
말 끝 다 맺지 못하고
빛살보다 더 빠르게 사라진

날마다 넘어온
봄길 따라
밀물처럼 달려와 가슴 적시는

오늘이 되는 날에도
조각난 꿈 붙잡고
환희 되살아나는.

사랑하리

녹슨 정념이 짓밟힌다 해도
가슴이 찢기고 멍들어도
싸늘한 바람이 목에 감겨 와도
가물거리던 촛불이 바람에 꺼져도
슬픈 노래가 가시로 박혀 와도
올올이 뜨거운 정 엮어낼 수 없어도
기다리다 지쳐 쓰러진다 해도.

너만을 사랑한다 말 할래요

향기로운 꽃바람이
공허한 가슴 채우며
속삭여도

마음에 고이 간직한 사랑
추억 속으로
날아간다 해도

푸른 잎 갉아 먹는
칼바람이
피멍 든 회한 후려쳐도

낙엽 우수수 떨어지고
그리움
알알이 맺혔다 사라져도.

사랑 나무

너무 가까이 서 있어
떨어질 수 없는
열정

가슴마다
나직이 속삭이며
불 켜주는
연정

서로 껴안고
서로 엉켜
열애하는
순정

서로 동경으로 접촉하고
하늘 지향하는
신혼

눈을 띄워 주고
끝내
빈 손으로 서는
마음

세월의 언어를
꿈으로
피워 내는
약속.

너를 향한 사랑

가슴속에 꽃으로 보이는
웃음이 있다

뭉게구름 피어오르듯
태양 둥실 솟아오르듯

꿈속에서도 떠오르며
달려가는 발걸음 있다

밝은 달빛보다 더 밝은
바위보다 더 굳은

너만을 바라보며
애끓는…….

사랑이

벌렁이는 가슴에
그윽한 눈길 박히고
꽃내음 풍겨온다

애틋한 꿈
가득 담고서
가까이 다가와서 속살거린다

캄캄한 어둠 속에서
영혼을 불태우고
빛나는 눈동자로 반짝인다

푸른 강물처럼
출렁이는 가슴에
푸른 광채가 흘러들고

한몸 이루는 마음으로
꽃집 꾸며가며
꿈을 수놓는다.

고백 · 1

얼만큼
사랑하냐고
묻지 마세요

바다보다 깊고
하늘보다 넓고
백두산보다 높이
사랑한다 대답할 줄
뻔히 알면서

왜
당신만 사랑하냐고
묻지 마세요

순수한 정열로
마음에 숨겨둔 미소로
생명 다 바쳐 헌신할 줄
훤히 알면서

왜
변함없이 사랑하냐고
묻지 마세요

뼛속까지 흐르는
살아갈 용기 주었기에
사랑할 수 있는 시간 안에서
영원히 머무를 줄
잘 알면서.

고백 · 2

웬일인지
눈물이
별 것도 아닌 것 같은데
무엇과도 바꾸지 못하기에

까닭 없이
보고만 싶습니다
할 말이 많은 것 같은데
가슴 뭉클히 밀려오기에

까닭 없이
울적하기만 합니다
잠시 피었다가
사라지는 안개이기에

웬일인지
사랑스럽기만 합니다
어김없이 갇히고 말았기에.

사랑의 빈 자리 될까 봐

어스름 깔리면
휑한 바람이 지나가고

가로등마저 홀로 외롭다
깜박거린다

회색 그림자 매만지며
밤새 뒤척이던 영혼

침묵으로 눈 감은 옆자리가
사랑의 빈 자리 될까 봐

끙끙거리며
애태운다.

3부

봄이 오는 소리

봄이 오면 · 1

산자락 끝
양지바른 그리움 곁에
아지랑이 피어오르겠지

지저귀는 새들의 소리
노랑나비 흰나비
춤추겠지

종달새 하늘 높이 솟아올라
노래 부르며
향기로운 꽃길 열리겠지

감미로운 바람 불어오면
사랑 사이에 달이 뜨고
물오른 가슴 속삭이겠지.

봄이 오면 · 2

풀피리 음률에
젖은 별들
반짝반짝 눈짓하겠지

들여다보는 눈동자에
설레는 잔물결
찰랑찰랑 일으키겠지

햇살이 타는 산들바람
들녘에 빈 가슴
살랑살랑 채우겠지.

봄이 오면 · 3

겨우내 맺힌 설움
가랑비 되어
부슬부슬 내리겠지

흔들리는 마음
산들바람에
나풀나풀 나부끼겠지

꽃물 번지는 노래
따뜻한 품에 안겨
소곤소곤 속삭이겠지

수줍은 사랑
지열 따라
얼쑤얼쑤 꽃피어 나겠지

뜨거운 가슴
연분홍 살구꽃으로
송이송이 만발하겠지.

나비

비에 젖은
그리움 한 마리
꽃술에 앉아 파닥거린다

꽃향기를
떨쳐 버릴 수 없어

환상에 취해
강렬한 몸부림으로

외로움을
한없이 달래듯

사랑하는 이 사랑할 수 있게
꽃길 따라서 마지막 힘을 다해
훨훨.

봄비

지는 꽃 서러워
나뭇가지 울음 섞으려고
눈 뜨는 아픔으로
후줄근히 젖고 있다.

꽃비

벚꽃 아카시아 꽃들이
싱그런 웃음으로
무수히 반짝이며
질주한다

날개 돋힌 듯
울타리 너머로
흐드러지게
가슴 비비며

색색이 향그러운
절정을 바라보며.

봄 정경

풀잎에 매달린
꽃바람 살랑살랑

한가롭게 내리는
보슬비는 보슬보슬

그윽한 향기는
떠날 줄 모르고 술렁술렁

버들잎 속눈썹
자라 깜박깜박

빈 가슴 채우려고
아지랑이 팔락팔락.

봄의 노래

꽃들의 혼백 흔드는
봄바람 소리
음부 하나 떨구고 사라진다

길고 가늘게 흐르는
거문고의 아픈 가락
심금을 울려도

꽃들은 웃고
새들은
재잘거린다.

봄이 오는 소리

초록으로 물들어 가는 산자락에
매화가 벙그러지는 소리

사랑스런 꽃에 그리움 짙은 향기가
바람에 묻어오는 소리

흐드러진 산수유꽃 끝가지마다
노랗게 물이 든 사랑의 소리

얼어붙었던 개여울이 녹아나
맑은 물 흐르는 소리

님과 남겨진 이야기 있어 꽃 피는
봄이 오면 가슴 두근거리는 소리.

4월의 거리

피 터진
풀잎들이
일어서서 흐르고

혼미한 봄바람은
회색빛 거리에
난무하다

아스팔트 위에
진홍빛
진달래가 피고

이마에 검은 띠 두른
눈빛들이
흰 손수건 흔들며
꽃수레 타고
하늘로 올라간다.

삼월

마중 나온 바람이
살얼음 녹여낸 뒤
노란 웃음으로 피어나는

산을 넘어온 세월이
깐깐한 알몸으로
꽃샘추위를 몰아내는

속잎 돋아나는 시간
다소곳이 옷깃 여미며
봄비 기다리는

빈손 들고 서 있는 나무들
빗발
거룩한 의미로 흘러내리는.

봄

푸른 넋 되살리려
단비 타고
찾아와

숨찬
호흡으로
산골짜기 녹이며

따스한 기운
초록 눈
밝히고

향기로운 꽃동산
산뜻하게
단장하고 있다

잔설 녹아난 골짜기
서릿발은 땅속에서
비명 지르고 있는데.

어느 가을날

한 잎 남은 붉은 이파리 위에
바람이
파르르 떨고 있다

텅 빈 뜨락에서
가랑잎 태우는 할아버지
추억의 손길이
바쁘기만 하다

하늘 높이 피어오르는 연기 따라
마지막 꿈이
가물거린다

아스라이
사라지는
별빛처럼.

불씨

살가죽
북을 두드리면
솟아나오는 게 있다

무엇으로도
채워질 수 없고
지워질 수 없는

영혼 속을 아름답게 수놓는
고운 빛깔이 있다

푸른 하늘 사이길 초승달
별빛 따라 지나가며
빛을 발하듯

냉가슴 한켠에 불씨 하나
두근거리며
활활 타오르고 있다.

그리움

타들어 가는
심장 속
희뿌연 하늘이여!

말없이 흐르며
눈물짓는
갯벌의 노을이여!

풀벌레 소리

가랑잎 흔들고 있는
색색 울음의 절정이여!

실낱 같이 어둠 가르며
시드는 풀잎에
차갑게 익어가는 쓸쓸함이여!

깊은 하늘가
영혼 일으키는
노랫가락에 꽂히는 정이여!

삭아버린
뿌리에까지
출렁이는 메아리여!

가을 연서

바람빛 칼질하듯 차가운데
푸른빛 여전히 반짝이는데
구겨진 외로움 파닥이며 지나가는데
아직도 인연은 주위를 맴도는데
길어진 그림자 밟고
자꾸만 일어서는 사연들.

낙엽

열정 뻗쳐오르는
노을 빛살로
온몸 휘젓고 태우며
사라져도

다 주고 부족해서
우는 가슴.

분수

방울방울
부서지는 아픔까지도
맥없이 떨어지는

바람의 세월로
다시
일으켜 세우는

화려함으로
올라
수많은 날개를 펴는

황홀한 무지개로
잠시 머물다가
겸허로 돌아가는.

가을

파란 진실이
악수를 청하며
고개 숙인다

여운을 일으킨
애증은
금간 데를 싸매며
다독인다

울리는 선율
쨍그렁 깨질까
튀어 나와
목을 감싸며 속삭인다

채워도 채워도
채울 수 없는
여백 속에
아롱아롱 맺힌다.

4부

어머니와 인생

한때 · 1

모래성 쌓아두고
찰랑이는 바다빛 무늬 따라
실컷 함성 지르기도 했었는데

바람에 나부끼는
파아란 풀잎처럼
한껏 젊음을 자랑하기도 했었는데

주어진 행복이 소중하여
안개 낀 파도 속에서도
연신 감사 기도를 올렸는데

수평선 저 너머 바라보며
낮은 꿈 곧추 세워
큰 강을 헤엄쳐 건너기도 했었는데

하늘이 준 선물에 감격하여
뜬 눈으로 밤새우며
강가에 꿈나무를 심기도 했었는데.

한때 · 2

어느 누구도 볼 수 없고
어느 누구도 만질 수 없는
웅장한 청기와집 잘 짓기도 했었다

눈물빛 지우고 응어리진 설움 보듬어 안고
몸 비틀며 잠꼬대 하는 아내를
눈물빛으로 안아주기도 했었다

나그네 길 걷다가 벌떼 만나
여기저기 벌침 쏘이면서
기어코 꿀을 따기도 했었다

오로지 내 영혼의 안식 찾아
저 높은 하늘 언덕을 향하여
줄기차게 달려가기도 했었다

아름답게 번져가는 황혼녘을 거닐면서
카랑카랑한 목소리로
기쁜 노래 부르기도 했었다.

그대여

하얀 불씨로 밝아져 가는
노란 안개 속에서
화려한 비상 꿈꾸는 곳으로 데려다 주렴

풀잎 끝 지나는 바람에
그리움 희미해져 가기 전에
마르지 않는 곳으로 데려다 주렴

삭막하고 무딘 발걸음
푸른 숨결
찰랑대는 곳으로 데려다 주렴

비 내리는 스산한 날에
끊임없이
웃음 짓는 곳으로 데려다 주렴.

무인도

하얀 입김만
서려
달빛이 시리기만 하다

쏴아 철썩
쏴아 철썩

전설에 얽힌
사랑
부서져

눈부신
물보라로
쏟아 놓는다.

당신을 만나고 나서

당신을 만나고 나서
마음의 숲이 우거지기
시작했습니다

사랑을 푸르게 지켜줄
소나무들도
바람에 버티고 서 있습니다

푸른 나무 끝가지에
꾀꼬리 한 마리 날아와 앉아
노래 부르고 있고

꽃사슴들도 나란히 뛰어와
정겹게
노닐고 있고

당신을 만나고 나서
우거진 숲이 생겨
모든 것이 풍성해졌습니다.

흔적

텅 빈 운동장에
녹슨 철봉대가
덩그러니 서 있다

돌담 곁 대나무 밭에
재잘거리던 참새들마저
보이지 않는다

발자국 따라
남긴 옛이야기들이
소근거리며 지나가자

추억의 짙은 향기가
시간이 남긴 발자취를
더듬거린다

풀꽃들이 부르는 노래는
저토록 여운 되어
어여삐 흐르고 있는데.

슬픔

한 고비 한 고비
시린 입김 불며

낙엽이 빙글 돌며
말없이 떠나간 빈 자리

비 오는 날
정 뿌리고 떠나간.

생의 의미 · 1

고운 노래가 끝난 뒤에도
그 여운이 밀려가며
감흥을 주듯

피아노 연주 후
청각과 촉각에 젖어
그 향연에 감탄하듯

풀씨 떨어진 곳에서
가뭄에도 어김없이
움이 돋듯

굽은 소나무가
바윗덩이 금 간 사이에
뿌리 뻗어가듯

풀꽃처럼
아름답게 피었다
자취도 없이 사라지듯.

생의 의미 · 2

해안의 벼랑 틈 사이에
보금자리 틀고
갈매기가 알을 낳듯이

한 생명의 희생으로
아름다운 꽃들이
가꿔지고 피어나듯이

얼 내리고 간 조상
진실 이어가는 순리로
역사를 이루어 가듯이.

어떤 부자

물같이
흐르는 밤

잔뜩
짐 실은 그림자

가지마다
주렁주렁

잠간 보이다가
없어지는 뜬구름.

민주 열사

음산한 불빛 찬란한데
미칠 듯 날뛰는 날파리들

말뚝 박고 살려고
시뻘건 눈알 굴린다

좀처럼 식어갈 줄 모른 채
눈물 머금고 고요를 깨뜨린다.

밤의 노래

하루의 끝이
서쪽으로 흘러가며
바람을 일으킨다

끝없이
어두운 장막이 밀려와도
파장은 일어나 넘실댄다

고요가 흐르는 어둠 속에서
여명을 꿈꾸는 초조한 마음
선을 그으며 흘러간다.

기차여행

차창 밖 파노라마에
촉촉이 넋 잃고 바라보는
하얀 옷 여인의 눈망울
변화 시킬 빈 칸은
없을까.

친구야

따끈한 찻집에서
편안히 손잡고 너털웃음 나누던
친구야

아무 때나
등 기댈 수 있는 사이가 되자던
친구야

헤어지고 죽는 연습하다
바쁘게 사라질 수 없다던
친구야

눈 감으면 어디서든
불러줄 것 같은
친구야.

어머니

날이면 날마다
바람처럼 올세라
대문 열어놓고
기다리고 기다리신

벽에 붙은 스피커 소리가
메아리쳐 와도
행여나 하여
눈이 물러 들어가신

목소리 듣고 싶어
낡은 라디오 틀어 놓고
남편 목소리 흘러 나올세라
이불 뒤집어쓰고 들어야만 하신

너무너무 보고 싶어
밝은 달밤에 남산에 올라
목 놓아 울다가
북녘 하늘만 바라보신.

친구

풀잎에 은구슬 굴러가듯
나그네 길에서
가을날 햇살처럼 따스한

언제 보아도 반갑고
밝은 웃음 주는
퍼낼수록 정이 샘솟는

꽃바람 불어올 때도
칼바람 낙엽 지는 날에도
마음과 대화가 통하는.

인생 · 1

살맛 찾고 사랑을 그리워하며 빙빙 도는 의자에 옷 걸어놓고
찢어진 꿈 불태우다 하얗게 흙으로 돌아가는
바람 따라 흔들리는 갈대다
환희로 스미는 가을 문턱에서 사랑 한 자락 깔고
풀끝에 맺힌 이슬로 까르르 구르며
다람쥐 쳇바퀴 돌 듯 재주넘는다
인연을 사슬로 묶어 잘 꾸며진 무대 위에서
세상의 목마름이 가슴으로 흐른다
사랑의 밀어 불태우지 못하고
어데로 왔다 어데로 가는 것이냐
꾸며놓은 무대에 흩어진 그리움의 조각들을
하나 하나 주워 모으며
허공을 휘저어 보아도 밀려오는 것은 고독뿐
핏빛 진한 아픔이 칡넝쿨 감기듯 파문져 오고
세월의 길목에서 시위 떠난 화살같이 바람을 뚫고
온갖 상흔들이 시간 끝자리에 초승달 같이 걸리었다
마르지 않는 땀방울이 영롱함으로 불꽃처럼 타오르는데
달 밝은 눈빛으로 오늘을 즐겁게 여백에 서원 그리며
끝 간 곳 닿으려 무릎 꿇고 푸른 하늘 우러러 바라보고 있다.

인생 · 2

빗물처럼 고인
목마름
가슴으로 흐른다

빈손으로 왔으나
애정 없이는
살맛 없어

꾸며 놓은 무대에
찢어진 그리움 조각들을
하나씩 하나씩
주워 모아 본다.

내 사랑

황홀하게 온몸 적시며
야릇한 전율로 스며드는
설레고 두근거리는 파도

입술이 귀여워 질끈 깨물면
뜨거움이 찢겨 치솟아 나오는 듯
가냘프게 소리 높이는 노래

마음에 진동을 일으키다
머리끝에서 풍기는 향기처럼
사무치도록 애틋한 영혼에 내리는 단비.

알라스카

에머랄드빛 산 너머로
전해오는
사랑의 숨결

숲속을
산록이 걸어가며
남긴 순수

백곰의 발자국 따라
새겨진
신비

휘파람 소리 따라
가슴 자락에
꿈을 심는다.

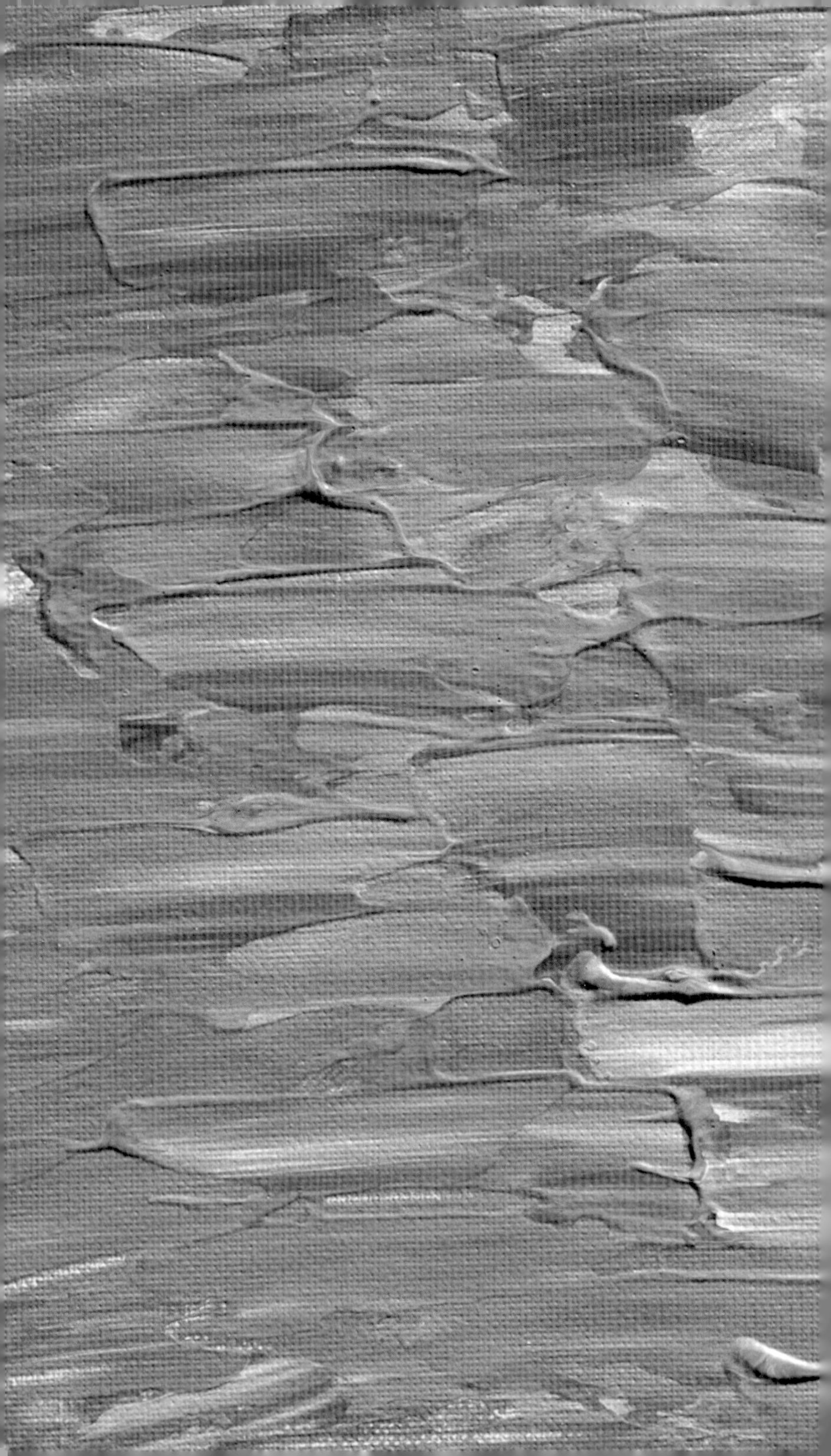

5부
당신의 향기

새 아침

까치들은 쌍쌍 날며
노래 부르고
장미 침대에 누운
사랑은
빨개진 추억으로
속삭인다

전율로 오는 감격
비둘기들의 구구구
소리 맴돌고

기나긴 밤 꿈꾸던 세상은
회색 그림자 걷고서
찬란히 밝아온다
빛나는 눈빛으로.

오늘을

달 밝은 눈빛으로
오늘을 기쁘게

어두운 발걸음으로도
오늘을 성실히

아픔 찌르는 가시에도
오늘을 밝게

싸늘히 낙엽 떨어져도
오늘을 꿈꾸며.

기도

카렌다 찢어낸 자국처럼
핏빛보다 진한 아픔이
칡넝쿨처럼 감겨 왔다

파도에 밀려
파문져 흘러

세월의 길목에서
시위 떠난 화살같이
바람을 뚫고서.

명풍 폭포

하늘에서 쏟아지는
은하의 물줄기

빛살 뿌리며
천길 낭떠러지를
뛰어내린다

하얗게 표백하는
영혼의 자락

새벽을 기어오를 수 없어
선녀처럼
뛰어내린다.

기다림

희미한 달
바라보는
목늘임 있다

밤새 별이 안 보이고
어깨 적시는
안개비다

멈출 줄 모르는
시계를 바라보는
저린 가슴으로

귓전을 스치지만
모습조차 보이지 않는
바람소리다.

7월의 바다

바닷가의 별장이 열리면
바다의 신화로
푸른 하늘 뜨거운 태양이
꿈을 엮고

파도 소리는
질주하며
흰 이빨을 드러내고
물을 즐기는 청춘에는
풍만한 지느러미가 자란다.

만나는 날

하늘은 우중충하지만
아침부터
숨가쁘게 설레는 가슴
고이 접어둔 마음
쌍쌍이 날아다닌다

기다리다 기다리다
손 마주잡는 기쁨에
향긋한 꽃바람이
날 것만 같다

우리는
흔들리는 풀이고
풀잎 끝 바람이기에.

컨테이너 벽

앞길 막아서는
단단한 울타리

무너뜨릴 수 없는
정지된 벙어리

이둠 속 반딧불처럼
촛불은 춤추고 있는데.

바람

꽃피는
언덕길 따라
계절의 풍운아로 왔다

때 아닌 회오리로
날 세워 쓰러뜨리고
부스러기 날리며 왔다

볼 부비며
살 속으로 파고들고
후미진 곳 휘저으며

설레는 가슴 빗질하며
새벽 밝음까지
흔들어 놓으며 왔다.

베트남 전쟁

고요롭고 푸른 하늘에
불꽃 일고 총알이 쏟아진다

노을자락도 서러워
대지는 눈물로 얼룩진다

핏빛으로 어두워진
심장이 조여진다

비둘기 슬피 울면서
하얗게 사라진다.

고향길

가련다
말없이 가련다
푸른 꿈 안고 넘나들던
목마른 고개 넘어
뼈만 묻으러 가련다

다시
돌아오리란
기약 없지만
세월 탓하지 않고
가련다

훌훌 털고 가련다
모든 것 버리고 떠나는
가벼운 발걸음의 고향길
마음밭 가꾸려
가련다
말없이 가련다.

당신의 향기

언제나 가슴에 안긴
부드러운 살결처럼

마음 태워서 풍기는
고운 내음처럼

짙은 젖내음 안고
속살거림 듣던 설렘처럼

아득히 타오르는
그리움의 불꽃처럼.

항아리

고운 여인의 살결
어머니 분신으로 살다가
수몰되어 청정수 담아놓고
푸른 하늘만 바라보는
차단된 기운이여

칠흑 같은 어두움
일상의 침묵 속에
만삭된 몸으로
진간장 담으니
밝은 달의 떠오름이여

자연의 생명으로
하늘빛 어린
창조의 신비
텅 비우고
귀소하는
목숨이여.

호수

수면 위에 맴도는 푸름 따라
낙엽에 새겨진 사랑도
맑은 하늘가 하얀 조각달도
정답게 노니는 기러기도
보입니다

글썽글썽한 눈물이 고이고
돌맹이 하나에도 피르르 떨면서
잔물결 일으키는데
물총새 한 마리 포르르 날아오르고
노을처럼 점점 번져
가슴 적시는 물내음도
까만빛 푸른빛으로
떠오르는 그리움도
보입니다.

참나무

산자락 비탈길에 뿌리 내려도
외롭다 힘들다 불평 한 마디 없이
힘 있게 가지 뻗으며
오고 가는 새들을 맞이한다
짙푸름 뽐낼 만한데도 계절에 순응하며
은근히 연붉게 물들다 황금빛에 머물고
단단하고 힘 있는 몸매 경이로워
다른 나무들의 부러운 시선 받으며
시원한 그늘로 온갖 짐승들을 쉬어 가게 한다
비 오는 날에도 알몸으로 다 맞고 가슴 적시며
춥다 엄살 부리지 않는다

칼바람 눈보라에도 푸른 하늘 마음껏 마시며
따스한 새 아침을 기다린다
소박하지만 앵두벌도 끌고
말랑말랑 부드러운 속성으로
사랑을 마음껏 준다
언제나 환한 모습으로 태양을 향해 반짝이며
바람의 애무에 녹아나
죽어서도 벌겋게 불붙은 숯으로
미각을 돋으며 정열을 불태우고 사그러진다
죽어서도 다 주고 떠나는
그대여.

노을

보랏빛 꽃대궁으로 밀어 올리는 정열
정념이 터져 불타올라 폭죽 터뜨리고 있다
불꽃들이 튀어오를 때마다
입술과 입술처럼 사랑으로 불타오르고
산불이 하늘 향해 치솟듯 물들인다
쏟아질 듯 무리지어 피어나는
세상의 꽃들을 기죽이는 것이냐
꽃다운 꽃을 향해 눈부시게 작렬하는 추억으로
고운 님 속옷까지 벌겋게 물들이는 것이냐
불붙은 참나무 장작처럼 이글거리는 연정으로
산등성이 철쭉들을 모조리 활활 태우는 것이냐
봉오리 진 가슴 짓씹으며 핏물로 포효하고
배신하는 발걸음에 피눈물 뿌려 주는 것이냐
붉은 파도처럼 터진 심장처럼 밀려와
소리 없이 울부짖는 핏불 터뜨리는 것이냐
속내 드러내 다 바치고 부끄러워
아무 짝에도 쓸모없는 수줍음을 내동댕이치는 것이냐
머리 쥐어뜯다가 생채기 져 쓰라린
눈물의 절규를 한꺼번에 내쏟는 것이냐.

물레방아

떨어져 부서지며
쉼 없이 돌고 돌아도
시름에 겨워 잠길 뿐

쿵덕궁 쿵덕궁
온밤 감고 돌아도
제 자리 걸음뿐

끝없이
빙글빙글 돌아도
남는 것 물보라뿐.

고독

시린 빛 감추려
속으로 속으로 통곡하는 밤

다 갈 곳 없어 사라지고
공허로운 마음 잠 못 이룬다

속빈 가슴에
한 방울 피가 돌아
번잡함 짓누르고

이승 맨 끝에
홀로 누워
눈 감고 만지작거리는
외로운 통로여.

만남

쌀쌀한 겨울날
따스한 햇살의 어울림이여

한 번 만나는 자리마다
마음문 열리고
파아란 새순 돋는다

가슴 저리게 어루만지는
손길들이여

마주하는 눈길 속
메말라 가는 가지에
꿈을 꽃처럼 붙여 놓는다.

겨울 연가

연둣빛 꿈 엮으며
싱그러운 눈길 걷던

붉어진 얼굴로 열정 내뿜으며
불타던 눈길로 노래 부르던

긴긴 밤 꽃불 지피며
가슴속 깊이 파고들던

미소만 띄우며
망설이다 망설이다 돌아서던.

가는 겨울

밀려가는 아픔이
서러워

볼 부비며
기지개 켜더니

앙상한 가지를
흔들고 깨운다

가슴에 숨은
불씨 하나

가려거든 뒤돌아보지 말고
말없이 가라.